VIE

DE

M. BENIGNE JOLY

PRÊTRE,

DOCTEUR DE LA FACULTÉ DE PARIS,

**CHANOINE DE L'ÉGLISE ABBATIALE ET COLLÉGIALE
DE SAINT-ÉTIENNE DE DIJON,**

INSTITUTEUR DES RELIGIEUSES HOPITALIÈRES
ET DE LA MAISON DU BON PASTEUR
DE LA MÊME VILLE.

—

> Je n'ai point vu de prêtre plus accompli
> et d'une vertu plus étendue; il avait
> rassemblé dans sa personne toutes les
> vertus dont les moindres font honorer
> les ecclésiastiques comme des saints.
> (*Le cardinal Le Camus parlant de
> M. Joly.*)

DIJON,

LAMARCHE, LIBRAIRE, SUCC^r DE **V. LAGIER,**

PLACE SAINT-ÉTIENNE.

1844

DIJON, IMP. DE Mme NOELLAT.

VIE

DE M. BENIGNE JOLY.

Naissance de M. Joly.

La famille d'où sortit M. Bénigne Joly jouissait déjà d'une grande considération du temps des Ducs de Bourgogne. Depuis que cette province a été réunie à la France, plusieurs membres de la famille Joly ont eu l'honneur d'occuper les premières charges du Parlement de Bourgogne et de la Chambre des comptes de Dijon.

Benigne Joly naquit à Dijon le 22 septembre 1644. Il fut baptisé dans l'église de Saint-Jean, qui était la paroisse de son père, Jacques Joly, secrétaire du Parlement; il reçut le prénom de Benigne, qu'il eut toute sa vie grand soin d'honorer, en imitant les vertus de l'illustre martyr, apôtre de Dijon.

Première éducation de M. Joly.

Les heureuses dispositions que le jeune Benigne fit paraître dans son enfance, engagèrent ses parents à redoubler envers lui les soins qu'ils avaient pris d'élever tous leurs autres enfants dans la crainte de Dieu, dans la pratique des vertus évangéliques, et surtout dans l'exercice des œuvres de bienfaisance.

Sa mère lui donna l'exemple de la plus héroïque charité, à l'occasion de la maladie contagieuse qui, en 1652, enleva plus de quatre mille personnes de la ville de Dijon. On vit, dans cette calamité, Mme Joly aller de maison en maison, cherchant les pauvres les plus abandonnés, et leur prodiguant de ses propres mains tous les secours dont ils avaient besoin. Cette vertueuse dame devint victime de son dévouement; elle fut atteinte par la contagion, et mourut le 2 octobre de cette même année 1652.

M. Joly étant privé du secours de sa pieuse épouse pour la conduite de sa nombreuse famille, et les occupations de sa charge ne lui permettant pas de s'y appliquer autant qu'il l'eût désiré, il prit le parti d'envoyer son fils à Beaune, et de confier son éducation aux Révérends Pères de l'Oratoire, qui y avaient un collège distingué.

Les progrès de Benigne dans l'étude des lettres surprirent ses maîtres, et son avancement dans la piété leur fit comprendre dès-lors que cet enfant, comme un autre Samuel, se donnerait tout entier au service du Seigneur. Sa docilité exemplaire, la maturité de son jugement, son admirable douceur furent aussi regardées comme le signe des desseins de la Providence sur lui.

Son entrée dans l'état ecclésiastique.

Benigne Joly, comblé des bénédictions de Dieu, avait toujours montré une grande inclination pour l'état ecclésiastique; son père, témoin des heureuses dispositions de ce fils bien-aimé, mit tous ses soins à le seconder dans ses projets.

Dieu lui-même sembla favoriser les désirs du pieux enfant en inspirant à M. Milletot, doyen de l'église collégiale de Saint-Etienne de Dijon, et intime ami de son père, la pensée de se dessaisir du canonicat qui était uni à son doyenné en faveur du jeune Joly. Celui-ci avait alors quatorze ans ; il vint prendre possession de son canonicat dans les formes, et retourna ensuite à Beaune pour achever ses études.

Le père de Benigne meurt ; Benigne va étudier à Reims, puis à Paris ; il y reçoit les Ordres.

Quelque temps après que le jeune Benigne fut devenu chanoine de St-Etienne, son père mourut. Son frère aîné, se trouvant chargé du gouvernement de sa famille, le fit revenir à Dijon, et ensuite l'envoya à Reims, chez les Pères Jésuites. Après être demeuré deux ans dans cette ville, il alla à Paris pour se disposer, par de sérieuses études, à prendre ses grades en théologie. Il se mit en pension dans le collége de Navarre. Les docteurs et les régents de ce fameux collége le prirent en singulière affection, et l'avaient en si haute estime qu'ils le proposaient aux autres écoliers comme un modèle de sagesse, de modestie et de zèle.

Benigne soutint sa thèse générale de philosophie en présence des hommes les plus éminents de l'Université, et aux applaudissements de tous; il fut reçu maître-ès-arts. Il avait dédié cette thèse à M. Joly, président à mortier au Parlement de Dijon, son parent.

Après avoir commencé en 1665 à étudier en théologie; il reçut le grade de docteur le 12 août 1672.

Quelques mois avant cette époque (2 avril 1672), il avait reçu l'ordre de la prêtrise.

Dieu, qui sait préparer à ses serviteurs les voies les plus faciles et les plus droites pour les amener à lui, lui fit heureusement rencontrer, à son arrivée à Paris, un directeur selon son cœur dans la personne du R. P. Charles Gauterot, général de la Congrégation de la Doctrine chrétienne. Sous la conduite de cet homme, si connu dans Paris par sa capacité dans la direction des âmes, et dans tout le royaume par le succès de ses Missions, B. Joly évita non-seulement tous les écueils que la jeunesse ne rencontre que trop souvent dans les grandes villes, mais encore fit les progrès les plus admirables dans toutes les vertus.

Animé du plus ardent désir de travailler au salut des âmes, il réunissait, pendant tout le temps que durèrent ses études théologiques, les pauvres ouvriers ainsi que tous les Savoyards qu'il pouvait rencontrer ; il les instruisait, il les aidait de sa bourse et par tous les services qu'il lui était possible de leur rendre.

Une vie si chrétienne trouva sans doute des censeurs et des contradicteurs, mais elle exerça aussi une heureuse influence sur quelques-uns de ceux qui en furent témoins. Le jeune de Villers, compagnon d'études de B. Joly, et fils de M. de Villers, conseiller au Parlement de Dijon, fut ce-

lui qui s'appliqua le plus à le seconder
dans ses charitables efforts pour l'instruction des ignorants et le soulagement des
pauvres.

*Retour de M. Joly à Dijon ; il devient grand-
vicaire de l'abbé de Saint-Étienne.*

Pressé par le désir de se rendre utile à
ses compatriotes, M. Joly revint à Dijon
aussitôt qu'il eût reçu le grade de Docteur.
Mais à peine y fût-il arrivé, que Dieu
éprouva sa patience par une maladie de
trois mois, qui l'affaiblit tellement, qu'il
eut un moment la crainte de ne pouvoir
exécuter le projet qu'il avait conçu de se
consacrer entièrement au salut de son
prochain.

M. Joly, ne recherchant dans tous ses
desseins et dans toutes ses actions que
l'accomplissement de la volonté de Dieu
et l'avancement de sa gloire, forma le
projet de se défaire de son canonicat,
pour avoir la liberté d'aller de village en
village prêcher et catéchiser. Le P. Gau-

terot, à qui il communiqua sa pensée, l'en détourna.

M. Fyot, abbé de Saint-Etienne, éprouva une grande consolation de compter au nombre de ses chanoines un homme aussi vertueux, et il ne tarda guère à lui donner des marques de l'estime qu'il avait pour son mérite. Sans avoir égard à son âge, il le nomma son grand-vicaire le 29 mai 1673, et M. Joly, en cette qualité, fit la visite des églises qui dépendaient de l'abbaye de Saint-Etienne, avec tout le succès qu'on en pouvait espérer pour l'honneur de l'Eglise et l'édification des Fidèles.

Des pieuses occupations de M. Joly.

M. Joly, voulant donner des instructions régulières aux pauvres, et ne pouvant les réunir dans l'Eglise de Saint-Etienne qui, en même temps qu'elle était collégiale, servait aussi de paroisse, il choisit avec l'agrément de l'abbé de St-Etienne, la chapelle St-Vincent. Cette chapelle, qui était alors abandonnée, avait servi de baptistère sur la fin du Ve siècle, lorsque saint Grégoire, évêque de Langres, était venu faire sa demeure à Dijon. Plus tard, lors de l'invasion des Normands, les religieux de Saint-Benigne, y avaient déposé les reliques de leur patron.

Tous ces motifs engagèrent M. Joly à restaurer cette antique chapelle, ce qu'il fit avec beaucoup de zèle et à ses propres dépens.

Il y avait à Dijon une multitude de mendiants de profession, qui vivaient dans une déplorable oisiveté et dans l'ignorance la plus affligeante des vérités de la religion ; les efforts du bon M. Joly pour les réunir ne furent point infructueux, et on ne tarda point à s'apercevoir des heureux résultats que produisaient les touchantes exhortations qu'il leur adressait.

Ce changement si remarquable inspira à plusieurs personnes aisées la pensée d'envoyer leurs domestiques assister aux instructions de M. Joly, et bientôt on vit même des personnes les plus qualifiées de la ville se faire honneur de se trouver à ces assemblées.

Plusieurs dames pieuses offrirent leurs secours à M. Joly et regardèrent comme un grand bonheur qu'il voulût bien les associer à ses œuvres de bienfaisance. On peut considérer ces associations comme l'origine des sociétés de charité qui existent maintenant dans chaque paroisse de Dijon.

Les succès de M. Joly dans l'exercice de ses œuvres charitables furent si éclatants, que plusieurs prélats que les affaires de leurs Eglises amenèrent à Dijon, en ayant entendu parler, voulurent en être témoins.

Entre ceux qui firent à M. Joly l'honneur de se trouver aux instructions qu'il faisait aux pauvres dans la chapelle Saint-Vincent, ou aux conférences qu'il faisait aux dames, on remarqua M. Charles Legouz de la Berchère, archevêque d'Alby, et M. le cardinal Le Camus, évêque de Grenoble. L'estime affectueuse que ces deux prélats conçurent pour

M. Joly ne fit que s'augmenter dans la suite, par la connaissance qu'ils eurent de sa persévérance dans les pratiques de la charité.

M. Gonthier, chanoine et prévôt de la Sainte-Chapelle de Dijon, et en même temps grand-vicaire de l'évêque de Langres, était aussi supérieur du séminaire de la Madeleine. Le zèle de M. Joly pour tout ce qui pouvait contribuer à la gloire de Dieu, le porta à seconder M. Gonthier en allant donner des instructions au séminaire. Il le fit avec tant de succès, pendant un an, que M. Gonthier l'engagea à venir demeurer au séminaire avec lui.

Malgré que, par suite de cette disposition, M. Joly se trouvât assez éloigné de St-Etienne, il ne manqua jamais à aucun des offices du chapitre ; il continua également à donner ses soins à toutes les autres œuvres qu'il avait entreprises. Mais comme au milieu de ces occupations, il ne diminua rien de ses austérités, il finit par tomber gravement malade, et se vit obligé, au grand regret de M. Gonthier,

de se séparer de lui ; il ne fut pas moins
regretté des élèves du Séminaire, qui l'ai-
maient comme le père le plus tendre.

*M. Joly recommence ses instructions à la
chapelle Saint-Vincent ; il établit la Confrérie des pauvres.*

A peine M. Joly fut-il un peu remis de
la longue maladie que lui avaient occa-
sionnée ses excès de fatigue, que son zèle
pour le salut des âmes le porta à recom-
mencer ses instructions pour les pauvres.
Il le fit avec tant de fruit que bientôt,
comme cela était déjà précédemment arrivé, elles furent fréquentées par une foule
de personnes de toutes les conditions.

Quoique M. Joly ne prît que peu de
temps avant de monter en chaire, pour
se recueillir en présence de Dieu, et pour
le prier de lui suggérer lui-même ce qu'il
devait dire, il était doué d'une éloquence
si onctueuse, qu'il produisait toujours
une profonde émotion dans les cœurs, en
même temps qu'il éclairait l'intelligence ;
et si, d'un côté, la grâce naïve de ses ex-

pressions faisaient comprendre les vérités chrétiennes aux esprits peu développés, d'un autre les personnes instruites admirait la profondeur de son érudition, l'ordre admirable de ses discours, et l'extrême facilité qu'il avait à s'expliquer sur toutes les matières de la religion, sans avoir presque jamais le temps de s'y préparer par une étude particulière.

Cela fait comprendre comment tant de personnes eurent recours à lui pour la conduite de leur conscience. Dieu lui ayant accordé le don de toucher les cœurs, les pécheurs les plus endurcis ne pouvaient lutter contre l'horreur qu'il savait leur inspirer pour leurs péchés, et la douceur avec laquelle il leur faisait espérer que Dieu leur en accorderait le pardon, les portait presque toujours à changer de vie.

La grande affluence des personnes qui s'adressaient à lui l'engagea à faire mettre dans la chapelle de Saint-Vincent un confessional qui ne tarda pas à être très-fréquenté.

Il y recevait indifféremment les pauvres comme les riches, et si quelquefois il usait de préférence, c'était plutôt en faveur des pauvres. Un jour, une dame de la première qualité voulut percer la foule de ceux qui environnaient son confessionnal. Il la pria très-poliment de ne point déranger quelques domestiques qui attendaient depuis longtemps pour se confesser, lui faisant remarquer que, comme elle était maîtresse de son temps, elle pouvait plus facilement attendre que ces bonnes filles. Cette dame parut mortifiée, mais tous ceux qui furent témoins de ce procédé en furent édifiés.

La grande affection de M. Joly pour les pauvres en attirait un grand nombre à ses exhortations et à son confessionnal ; pour les encourager, il conçut la pensée d'établir dans cette chapelle de Saint-Vincent, une confrérie dont les réglements pourraient les aider à s'affermir dans les bons sentiments qu'il s'efforçait de leur inspirer.

Ce projet si sage fut généralement approuvé, et plusieurs ecclésiastiques également éclairés, zélés et charitables, désirèrent entrer dans cette confrérie avec l'intention de seconder M. Joly, soit pour l'instruction des pauvres, soit pour entendre les confessions. Plusieurs dames pieuses désirèrent aussi y entrer, pour travailler chacune selon son pouvoir au salut des pauvres. Il arriva en peu de temps que cette confrérie, qui continua à porter le nom de Confrérie des pauvres, et qu'on appela aussi Confrérie de Saint-Vincent, se trouva composée des personnes les plus recommandables de la ville de Dijon.

Du zèle de M. Joly pour la gloire de Dieu.

Jamais l'occasion d'empêcher que Dieu ne fût offensé ne s'était présentée à M. Joly qu'il n'eût donné les marques les plus sensibles de son zèle à combattre les pécheurs. On l'avait vu, dès sa plus tendre jeunessse, employer tout ce qu'il avait d'industrie, de complaisance, pour rompre les parties d'amusement dans lesquelles il prévoyait que ses compagnons

2.

d'étude pourraient offenser Dieu. A mesure qu'il avança en âge, il montra de plus en plus combien l'intérêt de la gloire de Dieu et le salut des âmes rachetées par le sang de Jésus-Christ lui étaient chers.

Il fit voir particulièrement combien le zèle dont il était animé le rendait intrépide quand il s'agissait du salut du prochain, dans une occasion qui fit beaucoup d'éclat dans la ville.

Deux sœurs d'honnête condition furent assez malheureuses pour être enlevées de leur maison, et presque d'entre les bras de leur mère, par des personnes qui se flattèrent d'être assez puissantes pour soutenir cette honteuse violence contre tous ceux qui voudraient s'y opposer. Ils amenèrent ces pauvres demoiselles à Dijon, et les cachèrent dans une maison où ils crurent qu'on ne pourrait les découvrir. Leur mère, plongée dans la désolation la plus profonde, ayant appris, après bien des recherches, qu'elles étaient dans cette ville, vint pour les y chercher. M. Joly étant connu comme le refuge des affligés, on conseilla à cette dame de s'adresser à lui ; ce qu'elle fit. Elle lui raconta son malheur ; il en fut sensiblement touché ; il la consola et l'exhorta à mettre sa confiance en Dieu. Il ne s'en tint pas là, mais il fit toutes les recherches imaginables pour découvrir où étaient ces infortunées demoiselles ; il ne put, toutefois, le faire si secrètement que les ravisseurs n'en eussent avis ; toutes sortes de menaces furent employées pour l'engager à abandonner cette affaire ; on lui fit même dire que s'il s'en mêlait davantage, il ne s'agissait de rien moins que de sa vie. Mais ces menaces, bien loin de lui faire abandonner son entreprise, ne la lui firent poursuivre qu'avec plus de chaleur. Ayant enfin trouvé la maison qu'il avait cherchée avec tant de soin, et n'ayant pu y pénétrer, malgré toutes ses tentatives, il eut recours aux magistrats, et fit si bien investir cette maison par les officiers de la justice, que les misérables ravisseurs furent contraints de laisser sortir ces pauvres filles, que M. Joly remit entre les mains de leur mère.

Dieu bénit visiblement cette œuvre de M. Joly, car ces deux demoiselles profitèrent si parfaitement des bons avis de leur libérateur, et reconnurent si bien la grâce que Dieu leur avait faite que, quelque temps après, elles se consacrèrent à son service dans un monastère, où depuis elles ont toujours vécu en bonnes religieuses.

Établissement de la communauté du Bon Pasteur, à Dijon.

M. Joly ne se contentait pas de porter les pécheurs à la pénitence par ses bons avis, mais il faisait encore tout ce qui était en son pouvoir pour détruire les occasions du péché. Il donna surtout des preuves du zèle ardent dont il était animé pour le salut des âmes, par l'établissement de la communauté du Bon Pasteur.

Ce grand serviteur de Dieu savait, d'après les plaintes de plusieurs personnes pieuses et par les renseignements qu'il avait pris lui-même, que, dans différents quartiers de la ville, il ne se trouvait que trop de ces malheureuses que le libertinage, l'oisiveté, la mauvaise éducation, et le plus souvent la pauvreté, engagent dans les désordres les plus scandaleux.

Il conçut une horreur si vive de ces désordres qu'il n'épargna rien pour y remédier ; il employa activement sa peine, son crédit et sa fortune à purger la ville de ces misérables créatures, qui, après avoir passé la meilleure partie de leur vie dans le déréglement, emploient le reste à en entraîner d'autres à marcher sur leurs traces infâmes.

Ce fut la douleur profonde que lui causait la perte de tant d'âmes qui lui inspira le dessein d'établir une communauté composée de ces pauvres filles qui, véritablement converties, avaient le désir de mener une vie sérieusement chrétienne.

M. Joly fut admirablement secondé dans ses projets par deux femmes pleines de piété et de dévouement : Mlle Anne Palliot et une bonne veuve que nous ne connaissons que sous le nom d'Elisabeth.

Sur ces entrefaites, le P. Honoré, capucin, étant venu prêcher à Dijon, Dieu se servit de son ministère pour faire rentrer un grand nombre de pécheurs en eux-mêmes ; à cette occasion, plusieurs filles, qui jusqu'alors avaient mené une vie scandaleuse, donnèrent des signes d'une sincère conversion. M. Joly les réunit d'abord dans une maison de la rue Chanoine, actuellement rue Jehannin, et les mit sous la direction de Mlle Palliot.

Pour gouverner ces filles, qui jusqu'à ce moment n'avaient su suivre que leurs inclinations déréglées, qui n'avaient peut-être jamais pu se soumettre à aucun joug, ni supporter aucune contrainte, il semblait qu'il fallût, selon toutes les règles de la prudence, des gouvernantes d'une grande sévérité. Mlle Palliot, qui était du caractère le plus doux et le plus compatissant, qui ne se décidait jamais qu'avec la plus grande peine à faire de la peine à qui que ce fût, sut pourtant si bien allier sa douceur naturelle avec la fermeté dont il fallait user dans les occasions, que, se faisant aimer et respecter, elle réduisit les esprits les plus difficiles, et, par ses manières pleines de bonté, elle encouragea les plus dociles à faire quelquefois au-delà même de ce qu'on pouvait leur demander.

Les heureux commencements de cette entreprise charitable engagèrent un certain nombre de dames pieuses à la soutenir par leurs dons et par leur crédit. La première maison où M. Joly avait placé les filles pénitentes étant devenue trop étroite, ce fut avec l'aide de ces dames que l'on acheta quelques maisons avec un grand jardin, à l'extrémité de la rue Chanoine, proche du rempart. Après y avoir fait les réparations nécessaires et les avoir disposées convenablement, on y conduisit ces filles, et ce fut proprement alors que commença l'établissement de la maison du Bon Pasteur, qui, dans la suite, acquit une si grande prospérité.

L'évêque de Langres autorisa définitivement l'établissement de cette maison par ses lettres du 18 septembre 1682. Le maire et les échevins de Dijon y donnèrent leur assentiment le 27 février 1684, et le roi fit expédier gratuitement les lettres-patentes qui constituaient légalement cette maison les premiers jours de juillet 1687 ; ces lettres furent enregistrées au Parlement de Dijon le 14 du même mois. Ce fut ainsi que se termina cette œuvre, à la grande joie de tous les gens de bien et à la satisfaction particulière de M. Joly. Il fut jusqu'à la fin de sa vie supérieur de cette maison, et la soutint tant par ses propres libéralités que par celles de plusieurs personnes riches, qui, à cette intention, lui confièrent des sommes considérables.

Le zèle intelligent ainsi que la charité admirablement dévouée que M. Joly apporta dans le gouvernement de cette maison, la patience et la douceur évangéliques de Mlle Palliot y firent naître et y entretinrent un esprit de pénitence et de piété qui devinrent un objet d'admiration pour tous ceux qui en furent témoins.

La maison du Bon Pasteur demeura sous la conduite de Mlle Palliot et de sa compagne jusqu'en 1688. Dieu les ayant appelées à lui peu de temps l'une après l'autre, M. Joly, avec la permission de l'évêque de Langres, et l'agrément des administrateurs de l'hôpital, y plaça deux sœurs hospitalières d'une sagesse éprouvée. Elles se succédèrent ainsi deux par deux de temps en temps, selon que paraissait le demander l'intérêt de la maison. Peu de temps après, suivant l'avis de l'évêque diocésain, on y établit des religieuses à demeure, et elles s'acquittèrent du gouvernement de cette maison, jusqu'à l'époque de sa suppression, pendant la révolution, avec tant de piété, de sagesse et d'édification, qu'elle fut visiblement bénie de Dieu.

Après environ un demi-siècle d'interruption, cette maison vient d'être rétablie au faubourg Saint-Pierre, par les soins actifs et intelligents de Mlle Malteste ; la prospérité dont elle commence à jouir, le bien qui s'y est déjà opéré, peut donner à croire qu'elle est appelée, dans les desseins de la Providence, à rendre d'éminents services.

Etablissement de la Chambre de la Providence.

Si M. Joly montra pendant toute sa vie le plus grand zèle pour retirer tant de pauvres filles de l'abîme du péché, où elles étaient tombées : il ne mit pas moins de soins à empêcher que d'autres y tombassent.

Ce fut dans cette intention qu'il forma un établissement qu'il nomma la Chambre de la Providence, en faveur des pauvres servantes qui se trouvaient sans condition. Il considérait qu'en attendant qu'elles eussent trouvé une place, elles dépensaient souvent tout ce qu'elles n'avaient gagné qu'avec bien de la peine et bien du temps ; qu'ensuite n'ayant aucun asile pour se retirer, ni aucune ressource pour subsister, leur misère les exposait à tomber dans le désordre.

Ces considérations, et plusieurs autres aussi importantes, lui inspirèrent la pensée de procurer à ces pauvres filles une honnête retraite et les moyens d'y sub—

sister jusqu'à ce qu'elles eussent trouvé une nouvelle place.

Comme il faisait déjà des dépenses considérables pour d'autres œuvres de charité, il s'imposa, pour soutenir celle-ci, les plus grandes privations : plusieurs personnes charitables, animées par son exemple, vinrent aussi à son aide par leurs libéralités, et l'événement fit voir qu'il avait eu raison de placer cette maison sous la protection spéciale de la Providence, en lui en donnant le nom, puisqu'elle ne manqua jamais de ressources tant qu'il vécut.

Il mit à la tête de la Chambre de la Providence quelques dames qu'il choisit dans la Confrérie de Saint-Vincent ; sous sa direction, ces dames s'acquittèrent de cette tâche avec une grande prudence et un grand succès.

M. Joly ne se borna point à pourvoir aux nécessités temporelles de ces filles ; il prit occasion de leur réunion en un même lieu pour instruire des vérités de la Religion celles qui les ignoraient, et pour leur inspirer à toutes l'amour des pratiques de piété et des vertus chrétiennes. Il ne manquait pas de les visiter souvent, pour leur adresser des exhortations et des consolations, et il n'avait point de plus grande joie que quand il apprenait, par le rapport de leurs maîtresses, qu'elles étaient exactes à pratiquer les règlements qu'il leur avait donnés, qu'elles étaient unies entre elles, et qu'elles se soumettaient volontiers aux bons avis qui leur étaient donnés.

Toutefois, dans la crainte que cet asile de charité ne parût être un encouragement à la paresse et à la négligence, on n'y recevait aucune fille pour plus d'un mois; M. Joly regardait cet espace de temps suffisant pour trouver une place, et il portait le dévouement jusqu'à leur en chercher, soit par lui-même, soit par les dames de la Confrérie de Saint-Vincent, qu'il trouva toujours disposées à le seconder avec ardeur dans toutes ses bonnes œuvres.

Cette maison n'ayant aucune ressource assurée, dût se trouver plusieurs fois dans de grands embarras; la charité ingénieuse et le dévouement sans bornes de M. Joly, suppléaient à tout. La plupart du temps c'était lui qui pourvoyait à la subsistance de la maison, et il le faisait souvent de la manière la plus généreuse.

Un jour, la Chambre de la Providence manqua tout-à-fait de provisions. M. Joly se trouva en même temps, comme cela arrivait, du reste, assez souvent, ne posséder aucun argent. Il fit vendre une partie de ses vêtements, en attendant qu'il lui vînt d'autres ressources.

Un autre jour, comme on manquait de lit pour coucher deux orphelines qu'on venait de recevoir, M. Joly envoya le sien.

Une des filles de la maison s'étant trouvée malade en même temps que M. Joly l'était aussi, il se priva plusieurs fois des bouillons qu'on lui préparait, pour les envoyer à cette fille, malgré qu'elle eût souvent exercé sa patience par une

grande mauvaise humeur, et par le mépris qu'elle avait fait de ses bons avis.

Cette œuvre, si recommandable par
les motifs qui l'avaient fait entreprendre
et par les résultats extrêmement précieux
qu'elle avait produits, ne survécut pas à
M. Joly.

Charité de M. Joly envers les pauvres.

On ne prétend point réunir ici tous les
actes de charité que ce grand serviteur
de Dieu a accomplis; toutefois, en considérant, comme d'un seul coup d'œil, un
certain nombre des actions de bienfaisance si touchantes par lesquelles il a ma-
nifesté son grand amour pour les pauvres,
on pourra se faire une idée plus parfaite
de son dévouement sans exemple pour les
membres souffrants du Sauveur.

Ce ne fut pas seulement cette compas-
sion naturelle qui anime les bons cœurs
qui porta M. Joly à procurer aux pauvres
les soulagements corporels, ce furent des
motifs plus relevés et plus chrétiens. La
lumière de la foi lui fit toujours envisa-

ger Jésus-Christ dans la personne des pauvres; et, comme il craignait que le péché ne les rendît indignes d'être les membres de ce divin Chef, son but principal, dans l'exercice de la libéralité chrétienne, fut toujours de sauver les âmes des pauvres, en les soulageant dans leurs besoins temporels, et en leur apprenant à faire un bon usage de leur pauvreté.

Aussi est-on obligé de convenir qu'il n'est guère possible de pousser plus loin la charité que ne le fit ce fidèle serviteur de Dieu dans toutes les occasions qui se présentèrent, ou que lui-même mit toujours grand soin à rechercher.

On pouvait facilement reconnaître sa maison, comme autrefois celle de saint Paulin, évêque de Nole, à la multitude de pauvres qui l'environnait, aussi bien pendant l'hiver que pendant l'été. Quelque fût le nombre de ceux qui s'adressaient à lui, il trouvait toujours le moyen de les satisfaire, et pas un seul ne le quittait mécontent.

Quoique sa table fût très-frugale, et

qu'il fût extrêmement sobre et mortifié, il voulait pourtant être servi de manière qu'il pût toujours donner à manger à deux ou trois pauvres qu'il voulait servir lui-même.

Très-souvent, même pendant ses maladies, on l'a vu se priver des mets qui lui étaient préparés, pour les donner à des pauvres qui survenaient au moment où il les allait prendre. Il s'est souvent trouvé sans argent, et sa maison sans aucune provision, parce qu'il avait tout donné.

Un jour, la terre étant couverte de neige, il rencontra un pauvre qui marchait pieds nus. Il se déchaussa, et, lui ayant donné ses souliers, il s'en revint ainsi chez lui, marchant dans la neige, et disant à ceux qui lui faisaient des représentations qu'il trouverait d'autres chaussures à sa maison, ce que le pauvre ne pouvait pas espérer comme lui.

Un prêtre de la campagne, passant par Dijon, et se trouvant sans argent et sans aucune personne de connaissance qui pût l'aider, sur la réputation de charité de M. Joly, il alla se présenter chez lui, et lui exposa sa détresse. Le généreux chanoine, ayant tout donné, comme il faisait souvent, n'avait pas plus d'argent que ce pauvre prêtre. Il le pria de si bonne grâce, et avec tant d'instance, d'accepter son manteau pour le vendre, que, quelque résistance que fît ce prêtre, il ne put se défendre de l'accepter.

Plusieurs fois, il a donné les couvertures de son propre lit aux pauvres qu'il savait en manquer. Il porta cette sorte de charité si loin, qu'on le vit à la fin mourir sur un lit qu'on lui avait prêté, parce qu'ayant donné le sien, il n'en avait plus qui lui appartînt.

Il serait difficile de dire avec quelle tendresse et quelle vigilance M. Joly s'appliquait au soulagement des pauvres dont la misère était connue; mais il le serait bien davantage encore de représenter avec quel zèle délicat et empressé il s'efforçait de secourir ces pauvres, dont la détresse est d'autant plus profonde que le souvenir d'une ancienne aisance, qu'une alliance honorable, ou peut-être même un nom illustre, les empêche de solliciter la bienfaisance publique.

Il usait d'une adresse infinie pour découvrir par soi-même, ou par des personnes discrètes, ces familles malheureuses ; lorsqu'il y était parvenu, il allait les visiter, il s'insinuait dans leur familiarité ; il leur portait souvent des aumônes considérables, et usait, pour les remettre, d'une adresse si ingénieuse, que ce n'était quelquefois que plusieurs jours après sa visite qu'on trouvait ce qu'il avait laissé ; de sorte qu'on ne savait à qui l'attribuer.

Les personnes qui connaissaient la médiocrité de son revenu, et qui voyaient en même temps la multitude de ses œuvres de charité, avaient peine à comprendre comment il lui était possible de subvenir aux nécessités de tant de pauvres. Mais l'exemple qu'il donnait d'une charité sans bornes, qui le portait à se dépouiller de tout en faveur des pauvres, lui avait acquis un si grand crédit sur les esprits et sur les cœurs, que chacun voulait prendre part à ses bonnes œuvres : on a vu des personnes riches retrancher même sur leur nécessaire afin de lui confier des sommes considérables, s'en remettant entièrement à lui pour leur distribution.

Dévouement charitable de M. Joly envers les pauvres dans leurs maladies.

On ne saurait rapporter en détail toutes les actions de charité que pratiqua M. Joly, pendant sa vie, envers les pauvres en général; mais rien n'était plus touchant que sa conduite dans le soulagement des pauvres, quand ils étaient malades. C'était pour ceux-là particulièrement qu'il avait des soins infatigables, des tendresses qui ne peuvent s'exprimer, un courage à l'épreuve de tout ce qu'il y avait de plus rebutant, une persévérance qui ne se lassait jamais de rien, et surtout une sainte profusion qui ne connaissait point de bornes.

Il avait commencé de bonne heure à s'exercer dans ces œuvres de charité. On l'avait vu à Paris, soit à l'Hôtel-Dieu, soit à l'hôpital de la Charité, rendre aux pauvres malades toute l'assistance spirituelle et corporelle qu'il pouvait ; on avait admiré la ferveur avec laquelle, tout jeune qu'il était et d'une complexion fort délicate, il s'appliquait à servir les pauvres malades. On était surpris aussi de voir avec combien d'adresse il leur suggérait les moyens de rendre leurs souffrances méritoires, et avec combien de zèle et de soin il s'efforçait de les disposer à recevoir les sacrements. Toute sa vie, une de ses plus chères occupations fut de prodiguer des soins aux malades.

Lorsqu'il fut de retour à Dijon, la plus grande partie du temps qui lui restait après avoir rempli ses fonctions canoniales, était consacré à la visite des pauvres malades, soit chez eux, soit dans les hôpitaux. Il y avait, sur toutes les paroisses de la ville, des personnes pieuses, la plupart ses pénitentes, qui se chargeaient du soin de les découvrir et de les lui indiquer. C'était là le sujet le plus ordinaire que l'on traitait dans les assemblées de Saint-Vincent, où on prenait ensuite des mesures pour que les pauvres malades ne manquassent de rien.

Dès que M. Joly les connaissait, il s'empressait d'aller les visiter dans leurs misérables demeures, souvent si étroites qu'à peine pouvait-il y entrer, et presque toujours si malpropres, ou plutôt si infectes, qu'elles eussent été inabordables pour tout autre que pour cet homme de Dieu. On l'a vu entrer dans la maison de pauvres que l'horreur qu'inspirait leurs maladies avait fait abandonner même de leurs proches. On l'a vu remuer leur couche de douleur de ses propres mains. On l'a vu prodiguer les caresses de la plus tendre charité à de pauvres vieillards tout couverts de plaies, leur servir à boire et à manger, et leur rendre tous les services imaginables, afin de gagner leur confiance et de les rendre plus attentifs aux touchantes exhortations qu'il leur adressait.

C'est à ce zèle de M. Joly pour les ma—

lades indigents que l'on doit le premier établissement à Dijon des Sœurs de la Charité, que saint Vincent de Paul venait d'instituer tout récemment. Ce fut lui qui procura un logement et des ressources à deux de ces bonnes sœurs, qu'on voulut bien lui accorder.

Ce n'est que bien faiblement qu'il a été possible de représenter l'empressement charitable de M. Joly à secourir les pauvres malades dans leurs maisons; mais c'est surtout dans les hôpitaux que sa charité se manifesta d'une maniére merveilleusement édifiante pour la ville de Dijon.

Il s'était fait une règle d'aller à l'Hôpital le lundi, le mercredi et le vendredi de chaque semaine. Il y allait même plus souvent, si la quantité de malades ou des besoins extraordinaires l'exigeaient. Les jours qu'il y passait lui semblaient toujours trop courts, très-souvent il y joignait les nuits; les portiers de la porte d'Ouche ont assuré que bien des fois ils l'ont vu retourner chez lui au milieu de la nuit, après en avoir passé la plus grande partie à veiller des malades ou des agonisants, sans qu'il fût jamais arrêté par les neiges, par les pluies, ni par les temps les plus mauvais.

M. Joly, Supérieur de l'Hôpital.

M. Gonthier, dont il a été déjà parlé, et qui était supérieur de l'Hôpital, étant venu à mourir au mois de juin 1678, M. Joly fut choisi pour le remplacer. Les abondantes bénédictions que Dieu répandit sur cette maison, à cette occasion, firent bien voir que l'évêque de Langres avait été véritablement inspiré par la Providence dans cet excellent choix.

On peut dire que ce choix fut accueilli par l'assentiment universel de tous les habitants de la ville ; il fut spécialement agréable à MM. les administrateurs de l'Hôpital, qui étaient tous des hommes remarquables par leur mérite et par les charges qu'ils remplissaient, et qui furent extrêmement satisfaits d'avoir avec cux un homme dont ils connaissaient la sagesse et la charité.

L'espérance de ces Messieurs fut amplement justifiée, et lorsqu'ils eurent besoin de consulter M. Joly pour quelques détails d'administration où le spirituel de la maison se trouvait intéressé, ils rencontrèrent en lui une capacité qui n'était égalée que par sa déférence pleine de modestie. On peut dire que l'émulation toute chrétienne qui régnait entre les administrateurs spirituels et temporels de l'Hôpital le fit arriver à un tel état de prospérité, qu'il devint un des plus célèbres de tout le royaume.

M. Joly se montra admirable dans l'exercice de sa charge, par la manière touchante et pleine de sollicitude avec laquelle il procurait aux malades tous les secours spirituels et temporels dont ils pouvaient avoir besoin, soit par lui-même, soit par le moyen des sœurs hospitalières.

On éprouvait la plus grande édification à le voir aller, avec une ardeur sans pa-

reille et le visage rayonnant d'une sainte
joie, de salle en salle, de lit en lit, exhortant avec des paroles pleines de la plus
ardente charité, les pauvres malades à
supporter leurs maux avec patience et résignation à la sainte volonté de Dieu. On
le voyait aussi leur rendre toutes sortes
de services ; il leur présentait leurs ali-
ments ; il les soutenait entre ses bras pour
les aider à boire ; il portait quelquefois la
bonté jusqu'à faire lui-même leur lit.

Toutes ces manières d'agir avec les malades, sa douceur, son affabilité, sa pré-
voyance pour tous leurs besoins, lui
avaient gagné toute leur amitié et toute
leur confiance. Les jours qu'il venait à
l'Hôpital étaient pour eux des jours de
joie ; lorsqu'ils savaient qu'il devait passer par leur salle, on voyait même les
plus faibles faire des efforts pour tirer
leur rideau afin de se procurer la satisfaction de le voir en attendant sa visite
particulière.

Lorsqu'il se rencontrait, parmi les malades de l'hôpital, de ces sortes de pauvres

comme on n'en voit que trop, qui, n'ayant reçu qu'une mauvaise éducation, sont sans aucune instruction religieuse, et ont passé la plus grande partie de leur vie dans une oisiveté qui les a conduits à toutes sortes de crimes, c'est alors que M. Joly sentait se ranimer son zèle pour tâcher de prévenir leur perte, et pour amollir ces cœurs endurcis. C'est alors qu'il leur adressait les paroles les plus éloquentes et les plus pathétiques, pour leur représenter ce que Jésus-Christ avait souffert pour leur salut, et leur faire comprendre le danger qu'il y avait pour eux à fouler aux pieds son précieux sang en méprisant ses grâces. C'est alors qu'il mettait tout en usage, mais surtout qu'il employait cette douceur insinuante qui était le propre de son caractère, et par laquelle il savait parvenir à amener les cœurs les plus rebelles à s'humilier devant Dieu par une sincère pénitence.

Quelque dangereux que fût l'état de ces malheureux, il demeurait auprès d'eux des jours entiers, les priant, les pressant avec toute l'instance imaginable, de penser sérieusement à leur éternité. Il redoublait alors ses charitables empressements à leur rendre service; il leur adressait les paroles les plus affectueuses; on l'a vu plusieurs fois passer un temps considérable à genoux au chevet du lit de ces impénitents, sans jamais se rebuter de leur mauvaise humeur, mais plutôt supportant, avec la patience d'un saint, leurs emportements, leurs insolences, et quelquefois même jusqu'aux injures les plus atroces. Il se regardait comme assez dédommagé, lorsqu'il avait réussi, et alors on voyait sur son visage un saint tressaillement de joie que toute sa modestie ne pouvait cacher.

C'est surtout lorsqu'un malade approchait de la mort que le bon M. Joly redoublait de zèle affectueux à son égard ; toutes ses paroles d'exhortation étaient comme autant de traits embrâsés qui faisaient pénétrer l'amour de Dieu dans le cœur du moribond, et lui faisaient accepter la mort non seulement avec résignation, mais même avec joie.

Institution des Religieuses hospitalières par M. Joly.

Il existait, dans le faubourg d'Ouche, un hôpital, fondé, en 1204, par le duc de Bourgogne Eudes III. Il fut d'abord placé sous la direction des Religieux hospitaliers de l'ordre du Saint-Esprit, qui, en 1446, furent mis sous la règle de saint Augustin. Vers 1640, des religieuses du même institut furent appelées au service des malades. A cet hôpital, on réunit, à diverses époques, ceux de la Chapelotte, de la Madeleine, de Saint-Benigne, de la Maladrerie, de Saint-Fiacre et de Saint-Jacques: ce qui lui fit donner le nom d'hôpital général. Cette réunion ayant changé l'état des choses, et le nombre, aussi bien que la qualité de ceux qu'on recevait dans cet hôpital, étant devenu comme un fait de police, l'administration temporelle, qui était composée d'un président à mortier au Parlement de Dijon, de deux conseillers, de deux maîtres des comptes, d'un trésorier de France, du maire et des

échevins; cette administration, disons-
nous, prétendit avoir l'inspection sur ces
admissions, malgré les réclamations et
les entreprises du recteur et des religieuses. Après bien des contestations, on
ne trouva point de meilleur parti à
prendre que de confier le soin des malades
à des filles qui dépendraient, pour le temporel, des administrateurs, et, pour le
spirituel, des supérieurs ecclésiastiques
que l'évêque diocésain trouverait bon de
leur donner.

Cette résolution prise, on l'exécuta,
malgré les oppositions qui y furent faites,
et qui furent levées par un arrêt du
Conseil-d'Etat. L'évêque de Langres, in-
formé du bon ordre qui régnait dans cet
hôpital, particulièrement depuis que M.
Joly était chargé de son gouvernement
spirituel, donna volontiers son consentement à l'établissement de ces filles, en
corps de communauté régulière, destinée
au service des malades.

On avait craint de ne pas trouver des
filles assez robustes pour supporter les

fatigues du service des malades, et en même temps d'un esprit assez fervent pour suivre toutes les pratiques de la vie religieuse, compatibles avec leur état de servantes des malades: M. Joly ne laissa pas d'en rencontrer un assez grand nombre. Il s'en présenta qui venaient de Paris, de la Champagne et même jusque de la Flandre. Elles demeurèrent quelque temps à l'hôpital en habit séculier; ce ne fut que le 6 janvier 1685, que, du consentement de l'évêque de Langres, M. Joly leur donna l'habit de novices. Les lettres patentes du roi qui confirment l'établissement de ces Religieuses hospitalières furent données au mois de janvier 1688, et enregistrées au Parlement le 23 mars 1689.

A dater de ce moment, cette maison changea de face; rien ne vint plus altérer la paix et l'union; la plus grande tranquillité s'établit parmi les pauvres eux-mêmes, par suite de la diligence et de la douceur que les religieuses mettaient à les servir, encouragées qu'elles étaient par les exemples de M. Joly.

Cet homme de Dieu, trouvant dans les humbles filles placées sous sa direction une si grande foi, une ferveur et une modestie si remarquables, qu'on voyait bien qu'elles possédaient leurs âmes en patience, au milieu des plus grands embarras et des occupations les plus compliquées, il pensa à leur donner des règles qui établissent parmi elles, autant que possible, une certaine uniformité d'actions, dans un même esprit de charité. Ce ne fut qu'après avoir invoqué Dieu, avoir jeûné et recommandé son œuvre aux prières des personnes pieuses qu'il connaissait, qu'il prit la plume, suppliant Dieu de la conduire, afin qu'il ne se trouvât dans ces règles rien qui ne fût parfaitement conforme aux maximes de l'Évangile.

Il s'attacha surtout à représenter vivement aux hospitalières la fin de leur état, qui est d'honorer Jésus-Christ pauvre, et sa pauvreté même, dans la personne des pauvres ; et, malgré que les occupations continuelles et excessivement laborieuses de ces bonnes religieuses ne semblassent guère compatibles avec le recueillement intérieur; il ne leur recommandait rien tant que de rentrer souvent en elles-mêmes, pratiquant en quelque sorte, habituellement, la prière intérieure, offrant toutes leurs actions à Dieu, et se tenant ainsi unies à lui, d'une manière douce et facile, sans contention d'esprit, par l'exercice continuel de la foi, qui le leur ferait envisager lui-même dans la personne des pauvres.

Après avoir passé plusieurs années à composer ces réglements, il les fit observer, pendant plus de cinq ans, comme par essai, et pour en découvrir les défauts et les inconvénients. Après cette épreuve, il y corrigea ce que l'expérience et l'avis de personnes sages et éclairées qu'il eut soin de consulter, lui fit connaître qui devait l'être; ils furent pratiqués avec ces changements et ces corrections, jusqu'à ce qu'enfin il crut pouvoir les soumettre à la sanction de l'évêque de Langres.

Ce prélat les fit examiner par son con-

seil et par les personnes les plus expéri-
mentées dans ces sortes d'affaires. Il les
lut et les examina lui-même avec grand
soin ; mais, bien loin d'y trouver rien qui
ne fût en parfaite harmonie avec l'esprit
de l'Evangile : il fut profondément édifié
de voir l'ordre admirable que M. Joly y
avait observé, la sagesse prudente avec
laquelle il avait tout réglé, tout prévu,
soit pour les sœurs, soit par les malades,
soit pour les autres personnes qui pouvaient avoir quelques rapports avec l'hôpital.

On ne pouvait effectivement entrer
dans cette maison, sans admirer le bon
ordre et la propreté qui régnait partout,
sans être dans l'étonnement en voyant la
ferveur et en même temps la modestie
que les sœurs hospitalières mettaient à
assister les malades. Il n'était pas jusqu'aux murailles qui ne semblassent des-
tinées à inspirer des sentiments de piété,
Dans toutes les salles des malades, dans
les réfectoires, dans les corridors, et surtout dans les chapelles, elles étaient or-

nées de seutences que M. Joly avait tirées de l'Ecriture sainte, dans laquelle il était fort savant; il les avait fait peindre en grosses lettres, qu'on pouvait lire de loin, et elles étaient ainsi partont comme un livre perpétuellement ouvert, où les sœurs pouvaient trouver des sujets de réflexions pieuses pour elles-mêmes et d'exhortations pour les malades, et où ceux-ci pouvaient prendre eux-mêmes des leçons de patience et de résignation.

Les religieuses qui desservent actuellement l'hôpital de Dijon sont encore sous la règle du pieux M. Joly, et son esprit de dévouement et de charité n'a point cessé de les animer.

De la charité de M. Joly envers
les prisonniers.

De tous les biens que possèdent les hommes, il n'y en a guère de plus précieux que la liberté; et l'on peut dire qu'il n'y a point de plus véritables pauvres que ceux qui l'ont perdue.

A cette époque, où les prisons étaient

tenues avec une rigueur inconnue de nos jours, les prisonniers, quelque fût la cause de leur détention, avaient grand besoin d'assistance et de consolation ; leur misère est d'ailleurs de celles qu'il est nécessaire d'aller chercher pour les soulager, puisqu'ils ne peuvent sortir du lieu où ils sont pour la faire connaître.

La visite des prisonniers est une des œuvres de bienfaisance auxquelles Jésus-Christ promet le royaume des cieux. Jamais M. Joly ne fut rebuté dans l'exercice de cette œuvre de charité, ni par l'obscurité des cachots, ni par la malpropreté des prisonniers, ni par les mauvaises dispositions de leur cœur accablé de tristesse et de désespoir, et souvent endurci dans le mal. Jamais il ne s'est plaint des rebuts qu'il lui fallait essuyer de la part de ces malheureux. Jamais il n'a trouvé trop long le temps qu'il employait à les instruire, à les consoler, à les encourager et à écouter paisiblement leurs plaintes.

Il les soulageait abondamment par les

grosses aumônes qu'il leur distribuait; et non seulement il leur fournissait ce qui était nécessaire, mais souvent encore il trouvait le moyen d'acquitter leurs dettes, lorsque c'était la cause de leur captivité.

Il usait envers ces pauvres gens de tant de bonté, il leur parlait avec tant d'affabilité et de douceur, qu'en les consolant il gagnait leur cœur, et acquérait sur eux une influence dont il s'est souvent servi pour maintenir parmi eux le bon ordre et la paix.

A cette époque, ainsi que cela se pratiquait il n'y a pas encore bien longtemps, les criminels condamnés aux galères étaient conduits au bagne chargés de chaînes, et la sévérité avec laquelle on traitait ces malheureux allait quelquefois jusqu'à l'inhumanité. M. Joly ne manquait jamais de visiter la chaîne, lorsqu'elle passait à Dijon, et de prodiguer aux galériens les aumônes et les consolations. S'il y en avait quelques-uns qui fussent malades, c'était à ceux-là surtout qu'il s'attachait, leur donnant tous les secours que leur état pouvait exiger, et leur adressant en même temps de ces paroles de douceur et d'affection qu'il savait dire pour les engager à penser sérieusement à leur salut.

Dans ses visites aux prisonniers, ceux qu'il jugeait qui méritaient plus particulièrement son attention étaient ceux que leurs crimes rendaient dignes d'éprouver les rigueurs de la justice humaine, et qui, effectivement, avaient plus besoin de consolations que les autres, à cause du trouble que jetait dans leur esprit la crainte de la punition qui pouvait leur être réservée. Il ne s'épargna jamais pour les faire rentrer en eux-mêmes, pour les consoler dans leurs afflictions, et pour leur faire accepter leur châtiment avec soumission à la volonté de Dieu.

Il avait une pénétration merveilleuse pour sonder ces consciences le plus souvent chargées d'iniquités; il avait l'adresse de les faire trembler d'une manière salutaire à la vue des jugements de Dieu, et il savait en même temps leur inspirer de tels sentiments de confiance en sa miséricorde, qu'il amenait, même les plus endurcis, à se repentir de leurs forfaits.

On a vu plusieurs fois de ces prisonniers dans la résolution désespérée de se faire mourir eux-mêmes pour s'épargner la honte et la douleur du supplice qu'ils avaient mérité, M. Joly, par ses exhortations si pleines de bonté et d'affection, savait toujours les calmer.

Il y en eut un, entre autres, qui, dans un moment de désespoir, et pour échapper aux châtiments que sa conscience lui reprochait d'avoir mérités, trouva moyen de s'ouvrir les veines. Heureusement, les gardiens s'en aperçurent, et on accourut à son secours ; mais cet infortuné refusa avec emportement de laisser bander ses plaies, protestant qu'il voulait mourir. Par bonheur pour lui, M. Joly, conduit sans doute par l'esprit de Dieu, se trouva dans la prison. Aussitôt qu'il fut averti, il accourut, et sut s'y prendre de manière à calmer ce pauvre malheureux : il l'apaisa si bien, que l'on put panser ses plaies et le traiter comme l'on voulut. Le bon M. Joly ne se borna point à ce service; il lui représenta vivement l'énormité de son désespoir, et l'amena, par ses exhortations empreintes d'une charité toute divine, à se soumettre à son triste sort avec la plus grande résignation.

C'était par cette affabilité si tendre et si obligeante, que M. Joly, aidé de la grâce de Dieu, savait lui gagner ces cœurs farouches. Ce n'était pas, cependant, sans avoir beaucoup à souffrir de ces misérables, qui, par suite de l'habitude du crime dans laquelle ils ont vécu, n'ont ni crainte de Dieu, ni respect pour les hommes. Il en trouvait quelquefois qui se montraient absolument insensibles à tous les services qu'il leur rendait; d'autres ne répondaient aux paroles de vie et de salut qu'il leur adressait que par des paroles insolentes et brutales. Il souffrait avec une patience admirable leurs insultes et leurs injures, demeurant dans la paix, comme dit David, au milieu de ceux qui haïssaient la paix, et il se trouvait suffisamment récompensé de ses peines, lorsqu'enfin Dieu, bénissant sa patience, touchait ces cœurs mauvais, et les inclinait à se rendre à ses charitables sollicitations.

Mais ce fut particulièrement dans les occasions qui se présentèrent d'en assister quelques-uns au dernier supplice que parut, à l'édification générale, cette ardente charité et ce zéle infatigable que lui inspirait le salut des âmes.

M. Gonthier, prévôt de la Sainte-Chapelle, dont nous avons déjà parlé, personnage d'une grande érudition et d'une piété distinguée, avait exercé cet office de charité avec bien du succès. Etant mort au mois de juin 1678, le premier criminel qui fut condamné à la mort, ayant connu M. Joly dans les visites qu'il rendait ordinairement aux prisonniers, et par celles qu'il lui avait rendues en particulier, le demanda pour l'assister à ce terrible passage. M. Joly s'empressa de se rendre à son désir ; il le consola et le fortifia si bien par ses exhortations évangéliques contre les terreurs d'une mort également infâme et douloureuse, et contre toutes les tentatives de l'ennemi du salut, que ce pauvre patient accepta, et souffrit son supplice d'une manière pleine de soumission aux dispositions de la justice divine.

Les magistrats, qui connaissaient la charité inépuisable de M. Joly, le choisirent officiellement pour accompagner ceux des prisonniers que l'énormité de leurs crimes les obligeait d'abandonner aux rigueurs du dernier supplice, et il sut toujours s'acquitter de ce pénible devoir avec une ardeur qui fit bien voir quel prix il attachait au salut des âmes rachetées par le sang de Jésus-Christ.

Comme il était souvent dans les prisons, il avait soin de s'informer de la qualité des crimes des prisonniers, et c'était à ceux qu'il prévoyait qui seraient condamnés à mort qu'il s'attachait de préférence; il les allait visiter plus souvent; il les préparait, peu à peu, par ses bonnes et tendres paroles, à se résigner à ce qu'il plairait à Dieu d'ordonner touchant leur honneur et leur vie ; il appaisait leurs mouvements d'impatience par les consolations qu'il savait leur faire goûter, et surtout il les disposait à s'humilier devant Dieu, et à confesser leurs crimes. S'il s'en trouvait dont le cœur endurci semblât demeurer insensible à ses instances, alors il redoublait ses prières à Dieu, et lui adressait les plus ferventes supplications pour en obtenir la conversion de ces malheureux pécheurs.

Le jour destiné au supplice d'un criminel, on a vu M. Joly se rendre à la prison dès les sept heures du matin, sans avoir pris aucune nourriture, et demeurer ainsi auprès de lui tout le reste de la journée, ne rentrant chez lui qu'à neuf heures du soir, tellement exténué de cette abstinence, et si fatigué qu'à peine pouvait-il se soutenir ni parler.

Il n'y a que ceux qui l'ont expérimenté qui savent combien il est difficile de calmer le cœur d'un coupable, qui, plein de santé, et peut-être dans la force de l'âge, voit approcher le moment de son supplice. M. Joly réussissait dans cette tâche difficile de manière à faire voir que Dieu l'avait rempli de son esprit pour une œuvre si précieuse et en même temps si pénible; il savait s'y prendre de manière à inspirer aux condamnés une plus grande crainte des supplices éternels, qu'ils ne pouvaient se représenter que par le secours de la foi, que de ceux qu'ils allaient bientôt endurer, et dont tout ce qui les environnait leur rappelait la pensée. Souvent, après s'être bien donné de la peine à leur inspirer la soumission à la volonté de Dieu, il voyait tout son ouvrage détruit par les accès du désespoir et par les désirs de vengeance auxquels ces malheureux s'abandonnaient, et il se trouvait obligé de recourir de nouveau aux prières et aux plus tendres instances pour ramener dans leur âme le calme et la résignation.

On eut une fois une preuve frappante du dévouement de ce fidèle serviteur de Dieu, et du succès que sa persévérance finissait presque toujours par obtenir. Un grand criminel avait été condamné à subir le cruel supplice de la roue; M. Joly avait passé la plus grande partie du jour auprès de ce misérable, sans avoir pu lui inspirer aucun sentiment de pénitence; il n'en avait même reçu que des rebuts et des injures; l'heure redoutable où il fallut marcher au supplice arriva. L'image d'une mort si cruelle et si prochaine fut incapable d'attendrir ce cœur de bronze; il se laissa étendre et lier sur l'échafaud; il reçut tous les coups qui lui brisèrent les membres, sans vouloir écouter les paroles charitables de M. Joly. Cet héroïque ami des âmes ne se rebuta point, plein de confiance en la miséricorde de Dieu, priant avec larmes, et suppliant les assistants de s'unir à lui, il obtint qu'on différerait de donner à ce malheureux le dernier coup qui devait le faire mourir, et qu'on appelait le coup de grâce. Son espérance fut justifiée; car enfin dans cette affreuse situation, par la grâce de Dieu, ce coupable rentra en lui-même, et mourut en donnant des marques d'une sincère résignation.

Les occasions de ce genre se représentaient souvent; car on peut dire que la plupart de ces criminels, ayant depuis longtemps, comme dit le prophète, bu l'iniquité comme l'eau, il est extrêmement difficile de les faire revenir de leurs égarements. Il serait impossible de représenter en détail toutes les peines que M. Joly a endurées dans ces circonstances, mais toujours sans se rebuter, ni se désister de ce qu'il avait entrepris pour la conversion de ces pécheurs, dont on l'a vu supporter avec une patience admirable, les mépris, les injures, et quelquefois même les violences.

Après avoir, une fois, passé une journée entière à prier, exhorter et presser un fameux criminel, il alla avec lui jusqu'au lieu du supplice, sans avoir rien pu gagner; étant sur l'échafaud, cet homme, qui se trouva un instant libre, poussa la brutalité jusqu'à donner un soufflet et un coup de pied à M. Joly, qui en fut grièvement blessé. Il ne s'en montra que plus empressé dans les sollicitations chrétiennes qu'il adressa à ce pauvre condamné, et il ne le quitta qu'après qu'il fut mort.

Le spectacle du supplice de la roue était une chose horrible à voir. Il ne serait guère facile de se faire une idée de ce que M. Joly, dont le caractère était si doux et si affectueux, devait souffrir, lorsqu'il était dans le cas d'assister ceux qui étaient condamnés à ce supplice; mais la crainte que les âmes de ces infortunés ne périssent par le désespoir, lui donnait une fermeté inébranlable, et toutes les fois que les arrêts portaient que le condamné expirerait sur la roue, jamais M. Joly ne l'a quitté qu'après sa mort, l'exhortant de la manière la plus touchante au repentir de ses péchés, à l'humilité et à la résignation.

M. Joly établit le petit séminaire de Saint-Etienne.

Le zèle ardent qui animait M. Joly pour le salut des âmes, lui faisait éprouver une affliction profonde, lorsqu'il voyait que l'enseignement religieux était négligé; la douleur qu'il ressentait de la perte des âmes était proportionnée au prix qu'il attribuait au sang que Jésus-Christ avait versé pour sauver les habitants de la campagne aussi bien que les rois. Il avait souvent eu l'occasion de déplorer l'extrême ignorance qui régnait dans la plupart des villages ; apporter un remède à cet état de choses fut un des grands soucis de sa vie.

C'est cette disposition d'esprit qui fut cause qu'après son retour de Paris à Dijon, il eut la pensée de se défaire de son canonicat, pour aller lui-même par les campagnes, travailler à l'instruction des pauvres villageois, et desservir successivement, en qualité de vicaire, les paroisses qu'il trouverait les plus abandonnées. C'est ce qu'il aurait accompli, si son directeur ne l'en avait détourné. Il ne perdit pourtant jamais de vue le dessein qu'il avait eu de procurer aux habitants des campagnes tous les secours qu'il pourrait, dans l'ordre du salut, et pendant plus de vingt ans, il conserva et murit la pensée d'élever de pauvres clercs, d'une manière qui eut du rapport avec la vie agreste des paysans, afin de les rendre ainsi capables de travailler avec fruit à leur instruction.

Entre plusieurs raisons qui lui avaient fait sentir la nécessité de cette œuvre, c'était, comme il le disait lui-même, qu'il avait remarqué que, parmi les ecclésiastiques qui entrent dans les grands séminaires, il y en avait fort peu qui y entrassent avec un esprit assez désintéressé pour être disposés à desservir aussi bien les petits bénéfices que ceux qui étaient plus riches. Accoutumés qu'ils sont, ajoutait-il, aux commodités qu'on trouve dans les villes, ils ne peuvent que fort difficilement aller demeurer dans les villages où l'on est loin d'avoir les mêmes agréments. On a beau leur dire que Jésus-Christ a donné comme une des marques de la divinité de sa mission que l'Evangile était annoncé aux pauvres. L'exemple de ce divin pasteur n'est pas assez puissant pour les décider à vivre avec des gens grossiers et sans éducation.

Il fallait donc trouver des gens moins accoutumés à trouver toutes leurs aises dans le service de Dieu ; et c'est ce qui était difficile, à moins qu'on ne les eut formés de bonne heure à une vie dure et plus propre aux fatigues que ne peuvent guère éviter ceux qui se destinent à exercer le ministère évangélique dans les campagnes. C'est là ce que M. Joly entreprit en fondant le petit séminaire de Saint-Etienne.

Son humilité lui faisant craindre de rien entreprendre par lui-même et d'après ses propres lumières, quelque louable que son dessein lui parut, il le communiqua à un de ses amis, qui non seulement l'approuva, mais encore par l'avis duquel il choisit, dans une des écoles de Dijon, quelques enfants qu'il jugea avoir des dispositions à étudier. Il leur donna un maître habile qui, en moins de six mois, les rendit capables d'aller en classe au collége des Jésuites, qui, connaissant les desseins qu'il avait sur ces jeunes gens se montrèrent tout-à-fait disposés à le seconder.

6.

Le nombre de ces étudiants ayant bientôt tellement augmenté, que la maison que M. Joly avait d'abord choisie pour les loger devint trop étroite, malgré qu'il l'eut encore fait agrandir, Dieu inspira à M. Fyot, abbé de St-Etienne la pensée de leur venir en aide dans cet embarras.

A cette intention, il fit réparer, à ses propres dépens, des bâtiments qui étaient inhabités; il y fit pratiquer un nombre de cellules convenables, les fit meubler, puis y installa les élèves de M. Joly : non content de les avoir logés, il leur a toujours depuis donné tous les ans une somme considérable, et a porté, par son exemple, plusieurs personnes pieuses à contribuer à leur entretien.

M. Joly eut la satisfaction de voir, avant sa mort, un de ces bons prêtres desservir avec bien du fruit une cure qui avait été longtemps abandonnée, faute de revenus. Plusieurs autres ont depuis suivi l'exemple de celui-là avec un dévouement admirable, ne se servant point de la piété comme d'un moyen pour s'enrichir, ainsi que font les faux apôtres (I, *Thimot.*, *c. 6, v. 5*), mais considérant que la piété et la modération font la richesse du chrétien.

Etablissement des prêtres de Saint-Lazare
à Dijon, par M. Joly.

Le Sauveur dit (*S. Luc, c. 12, v. 49*) qu'il est venu apporter le feu sur la terre, et que son désir est que tous les cœurs en soient embrâsés. C'est ce feu céleste de la charité qui animait M. Joly dans tout ce qu'il faisait pour le salut des âmes.

Il avait été plusieurs fois témoin de l'ignorance profonde dans laquelle vivent la plupart des habitants de la campagne à l'égard des vérités les plus essentielles de la religion ; il ne pouvait s'en souvenir sans une amertume de cœur qui lui a souvent fait verser des larmes. Il ne crut pas pouvoir mieux remédier à ce mal qu'en fondant à Dijon une maison de prêtres de la Congrégation de Saint-Lazare, dont le but était d'exercer gratuitement le ministère évangélique dans les campagnes.

Il fut aidé puissamment dans cette fondation par M. Fyot, abbé de Saint-Etienne, M. de Chandenier, abbé de Moutier-S.-Jean, et M. Gaillard, doyen de la cathédrale de Langres. Ce fut par le secours de ces hommes de bien et de plusieurs personnes de piété qu'il parvint à réunir la somme nécessaire pour acheter une maison et former un fonds dont ils pussent vivre.

Toutes les formalités ayant été remplies, il arriva à Dijon, le 14 novembre 1682, trois prêtres de Saint-Lazare et un frère convers, et ils allèrent prendre possession de la maison qui était prête à les recevoir, au faubourg Saint-Pierre, dans la rue qui porte encore le nom de Saint-Lazare.

Il serait difficile d'exprimer avec combien de joie M. Joly les reçut ; sa joie fut, du reste, celle de tous les gens de bien, qui furent ravis de voir au milieu d'eux de si fervents ministres de l'Evangile.

Ces bons prêtres habitèrent cette première maison jusqu'en 1769 ; à cette époque, l'ordre des Jésuites ayant été

supprimé, la vaste maison qui leur apparte-
nait à l'extrémité de la rue d'Auxonne
et qui avait été édifiée par les libéralités
d'une dame de Clugny, fut donnée aux
Lazaristes qui la possédèrent jusqu'à la
révolution.

Benigne Vachet qui était né à Dijon et
qui était attaché à la maison des Lazaristes
de cette ville consacra sa vie à la prédica-
tion de l'Evangile dans les pays lointains;
l'empire de la Chine, le royaume de Siam,
le nord de l'Afrique furent témoins de son
zèle pour la propagation de la foi chrétienne : il écrivit la relation de ses voyages,
et mourut à Paris en 1720, à l'âge de
78 ans.

Maladie et mort de M. Joly.

M. Joly avait abondamment compris que
ce qui nous rend véritables disciples de
Jésus-Christ, c'est, selon l'enseignement
de l'Apôtre (*Galat.*, c. 5, v. 6), la foi qui
agit par la charité. Il semblait n'avoir reçu
de Dieu sa vie, que pour la dépenser tout

entière au service de son prochain, et ce fut cette disposition d'esprit et de cœur qui lui fit entreprendre tant d'œuvres charitables, qui, presque toutes, arrivèrent dans la suite, sous la protection divine, à un si grand état de prospérité.

Pour couronner dignement une si belle vie, la Providence sembla vouloir fournir à M. Joly l'occasion de porter jusqu'à ses dernières limites le dévouement dont il avait tant de fois donné des preuves. Personne, dit le Sauveur (*Ev. St Jean*, c. 15, v. 13), ne peut avoir un plus grand amour que de donner sa vie pour ses amis. A l'occasion de la maladie contagieuse qui, en 1694, enleva plus de la sixième partie de la population de la France, et qui sévit particulièrement à Dijon, M. Joly se multiplia en quelque sorte pour faire face au fléau. Déjà M. d'Angely, curé de Notre-Dame, le P. Macherel, jésuite, le P. de Cluny, oratorien, et M. Fleuret, prêtre du grand séminaire, etaient morts martyrs de leur dévouement, lorsque M. Joly, dont la charité n'avait jamais été plus agissante ni plus étendue qu'elle le fut dans cette calamité universelle, et qui avait opéré de vrais prodiges dans tout ce qu'il avait fait pour le soulagement spirituel et temporel des malheureuses victimes du fléau, en fut atteint à son tour le 29 août 1694.

Dès que la nouvelle de sa maladie se répandit dans la ville, ce fut le sujet d'une consternation générale ; les pauvres surtout, qui l'appelaient leur père, donnèrent lieu de connaître par la manifestation touchante de leur douleur, combien était grand le nombre des personnes qui ressentaient les effets de sa charité.

Cet humble et fidèle disciple de l'Evangile, qui n'avait attaché de prix à la vie qu'autant qu'il pouvait s'en servir, avec l'aide de la grâce, à se rendre de plus en plus conforme à Jésus-Christ, et qui n'avait jamais envisagé la mort que comme un gain, ne fut point surpris. Au milieu des douleurs les plus grandes, il se prépara avec calme à aller dans la maison éternelle du Seigneur ; il reçut les secours de la religion par le ministère de M. l'abbé Fyot, et, après dix jours de souffrances, il s'endormit paisiblement de la mort des justes, le 9 septembre 1694.

Toute la ville de Dijon prit part au deuil que cette mort occasionna, et la magnificence des funérailles que l'on fit à sa dépouille mortelle, ainsi que l'immense multitude qui l'accompagna, furent un témoignage éclatant de la sincérité des regrets de tous les habitants.

M. Joly avait demandé, par humilité, dans son testament, à être inhumé dans le cimetière des pauvres de l'hôpital. L'abbé et MM. les chanoines de Saint-Etienne obtinrent que son cœur leur serait donné pour être placé dans les caveaux funéraires de leur église, et son corps fut transporté en grande cérémonie au cimetière de l'hôpital.

Bienheureux ceux qui sont doux, parce qu'ils posséderont la terre. Bienheureux ceux qui sont miséricordieux, parce qu'ils obtiendront eux-mêmes miséricorde (*Ev. St Math.*, c. 5, v. 4 et 7).

FIN.